Niños en la Tierra

Aventuras de vida Silvestre - Explora el Mundo
Blue Footed Booby - Ecuador

Sensei Paul David

Página De Derechos De Autor

Niños en la Tierra: Aventuras de vida Silvestre - Explora el Mundo

Blue Footed Booby - Ecuador

por Sensei Paul David,

Copyright © 2024.

Todos los derechos reservados.

978-1-77848-615-9

KoE_Wildlife_Spanish_PaperbackBook_Ingram_BlueFootedBooby

978-1-77848-614-2

KoE_Wildlife_Spanish_PaperbackBook_Amazon_BlueFootedBooby

978-1-77848-613-5

KoE_Wildlife_Spanish_eBook_Amazon_BlueFootedBooby

Este libro no está autorizado para su distribución y copia gratuita.

www.senseipublishing.com

@senseipublishing

#senseipublishing

Synopsis

Este libro es una exploración de los hechos únicos y divertidos sobre el Blue-Footed Booby en Ecuador. Proporciona una introducción al pájaro, y luego se sumerge en datos sobre su dieta, hábitat, comportamiento y más. También incluye información sobre sus rituales de apareamiento y cuánto tiempo pueden vivir en la naturaleza y en cautiverio. Termina con una conclusión sobre cómo encontrarlos en su hábitat natural.

¡Obtenga nuestros libros GRATIS ahora!

kidsonearth.life

kidsonearth.world

Haga clic a continuación o busque en Amazon otro libro de cada serie o visite:

Únete a nuestro viaje editorial!

Si desea recibir LIBROS GRATIS FUTUROS,Y conocernos mejor,Por favor, haga clic en el enlace www.senseipublishing.com Y únete a nuestro boletín ingresando tu dirección de correo electrónico en la caja emergente.

Sigue nuestro blog: senseipauldavid.ca

Sigue/Me gusta/Suscribirse: Facebook, Instagram, YouTube: @senseipublishing

Escanee el código QR con su teléfono o tableta

para seguirnos en las redes sociales: Me gusta / Suscríbete / Síguenos

Introducción

¡Bienvenido al maravilloso mundo del piquero patas azules en Ecuador! Este libro está lleno de datos divertidos e interesantes sobre estas fascinantes aves. Aprenderás sobre su dieta, hábitat y comportamiento, así como algunas de las cosas únicas que las hacen tan especiales. ¡Empecemos!

Los piqueros patas azules son aves tropicales marinas
que se encuentran a lo largo de la costa de Ecuador.

Tienen patas, picos y marcas faciales de un brillante
color azul.

Su envergadura puede alcanzar hasta tres pies de largo.

Son excelentes nadadores, sumergiéndose a
profundidades de hasta 20 pies para atrapar peces.

Los piqueros patas azules tienen un ritual de cortejo único que involucra al macho alzando sus patas para mostrar sus patas azules.

La hembra luego toca sus pies con los suyos para mostrar su aprobación.

13

Los piqueros patas azules suelen poner dos huevos a la vez.

Anidan en el suelo en colonias de hasta miles de aves.

Pueden vivir hasta 30 años en la naturaleza.

19

Ambos padres se turnan para incubar los huevos y criar
a los polluelos.

Se alimentan principalmente de pequeños peces como anchoas y sardinas.

Tienen un llamado distintivo que suena como un fuerte
"gra" .

25

Los piqueros patas azules son muy ágiles en el aire y pueden hacer giros cerrados.

Pueden volar a velocidades de hasta 30 millas por hora.

Son excelentes cazadores, atrapando a su presa en pleno vuelo.

También cazan "pateando" el agua, que es cuando reman con rapidez sus patas para atrapar peces.

A menudo utilizan los mismos sitios de anidación durante generaciones.

Son monógamos, lo que significa que se aparean de por vida.

El macho y la hembra comparten las responsabilidades de criar a los polluelos.

Los polluelos abandonan el nido a alrededor de 12 semanas de edad.

Los piqueros patas azules tienen una excelente vista y pueden detectar peces desde lejos.

Tienen una bolsa de aire especial en su garganta que les ayuda a bucear más profundo.

Pueden bucear hasta profundidades de 70 pies.

Se alimentan principalmente durante el día, pero también cazan por la noche si las condiciones son adecuadas.

Se sabe que los piqueros patas azules viven hasta 50 años en cautiverio.

A menudo pueden ser vistos "tomando el sol" en la playa.

Tienen una forma única de comunicación conocida como "pequeña", que implica presionar sus picos juntos.

Los polluelos jóvenes a menudo son vistos "jugar peleando" entre sí.

Son aves muy sociables y forman grandes colonias.

Los piqueros patas azules son una especie protegida en Ecuador.

Conclusión

Esperamos que hayas disfrutado aprendiendo sobre los increíbles piqueros patas azules de Ecuador. Estas fascinantes aves tienen algunos comportamientos y adaptaciones sorprendentes que las hacen verdaderamente únicas. Así que la próxima vez que estés en Ecuador, ¿por qué no hacer un viaje a la playa y ver si puedes ver algunas de estas hermosas aves en su hábitat natural?

Gracias por leer este libro!

Si encontraste este libro útil, estaría agradecido si publicaras una reseña honesta en Amazon para que este libro pueda llegar y ayudar a otras personas.

Todo lo que necesitas hacer es visitar amazon.com/author/senseipauldavid
Haga clic en la portada correcta del libro y haga clic en el enlace azul junto a las estrellas amarillas que dice "reseñas de clientes"

Como siempre...

Es un gran día para estar vivo!

¡Comparta nuestros libros electrónicos GRATIS ahora!

kidsonearth.life

kidsonearth.world

Haga clic a continuación o busque en Amazon otro libro de cada serie o visite:

www.amazon.com/author/senseipauldavid

Mira nuestras **recomendaciones** para otros libros para adultos y niños, además de otros grandes recursos visitando.

www.senseipublishing.com/resources/

¡Únete a nuestro viaje editorial!

Si desea recibir LIBROS GRATIS, ofertas especiales, visite por favor.

www.senseipublishing.com Y únete a nuestro boletín ingresando tu dirección de correo electrónico en la caja emergente

Sigue nuestro atractivo blog AHORA!

senseipauldavid.ca

Consigue nuestros libros GRATIS hoy!

Haz clic y comparte los enlaces a continuación

Libros gratis para niños

lifeofbailey.com

kidsonearth.world

Libro de auto-desarrollo GRATIS

senseiselfdevelopment.senseipublishing.com

BONO GRATIS!!!

Experimenta más de 25 meditaciones guiadas gratuitas y entretenidas!

Habilidades y prácticas preciadas para adultos y niños. Ayuda a restaurar el sueño profundo, reducir el estrés, mejorar la postura, navegar la incertidumbre y más.

Descargue la aplicación gratuita Insight Timer y haga clic en el enlace a continuación:

http://insig.ht/sensei_paul

Si te gustan estas meditaciones y quieres profundizar, envíame un correo electrónico para una sesión de coaching en vivo GRATIS de 30 minutos:

senseipauldavid@senseipublishing.com

Acerca de Sensei Publishing

Sensei Publishing se compromete a ayudar a las personas de todas las edades a transformarse en mejores versiones de sí mismas proporcionando libros de autodesarrollo de alta calidad y basados en investigaciones con énfasis en la salud mental y meditaciones guiadas. Sensei Publishing ofrece libros electrónicos, audiolibros, libros de bolsillo y cursos en línea bien escritos que simplifican temas complicados pero prácticos en línea con su misión de inspirar a las personas hacia una transformación positiva.

Es un gran día para estar vivo!

Sobre el autor

Creo libros electrónicos y meditaciones guiadas simples y transformadoras para adultos y niños, probadas para ayudar a navegar la incertidumbre, resolver problemas específicos y acercar a las familias.

Soy un ex gerente de proyectos financieros, piloto privado, instructor de jiu-jitsu, músico y ex entrenador de fitness de la Universidad de Toronto. Prefiero un enfoque basado en la ciencia para enfocarme en estas y otras áreas de mi vida para mantenerme humilde y hambriento de evolucionar. Espero que disfrutes mi trabajo y me encantaría escuchar tus comentarios.

- Es un gran día para estar vivo!
Sensei Paul David

Escanea y sigue/me gusta/suscribete: Facebook, Instagram,
YouTube: @senseipublishing

Escanea con la cámara de tu teléfono/iPad para las redes sociales

Visítanos www.senseipublishing.com Y regístrate a nuestro boletín para aprender más sobre nuestros emocionantes libros y para experimentar nuestras Meditaciones Guiadas GRATIS para Niños y Adultos.